Contraste insuffisant
NF Z 43-120-14

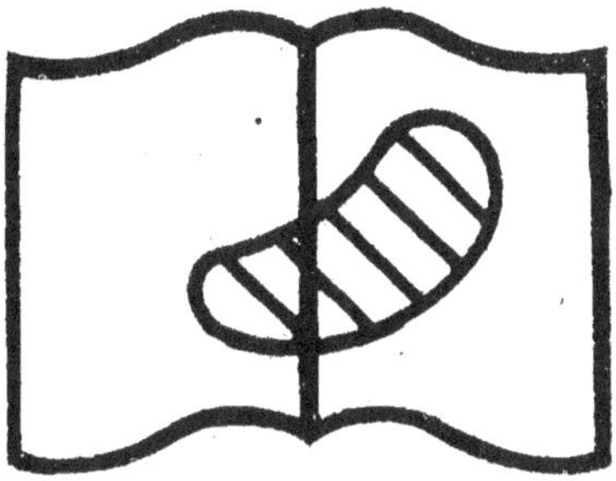

Illisibilité partielle

Valable pour tout ou partie
du document reproduit

Couvertures supérieure et inférieure
manquantes

Les Capitaines et Gouverneurs

Du Château de Saint-Lo

Pendant la Guerre de Cent-Ans

De 1337 à 1453.

Par M. Hippolyte SAUVAGE

Ancien Magistrat

Membre de la Société d'Archéologie et d'Histoire Naturelle de la Manche

1902

(17)

Les Capitaines et Gouverneurs

Du Château de Saint-Lo

Pendant la Guerre de Cent-Ans

De 1337 à 1453.

PRÉAMBULE.

Quelques considérations rapides nous sont indispensables pour rappeler les dramatiques évènements qui, au début de la désastreuse guerre de Cent-Ans, attirèrent l'attention générale de l'Europe entière sur la ville de Saint-Lo et sur son importante forteresse.

On sait qu'une rivalité ardente, soulevée entre deux puissants seigneurs de son voisinage, provoqua des luttes à jamais regrettables.

L'un, Godefroi de Harcourt, seigneur de Saint-Sauveur-le-Vicomte, était alors dans la fleur de la jeunesse. Froissart, le célèbre chroniqueur, au quel nous devons son portrait, dit de lui (1) : « C'était un chevalier de grand courage et moult « vaillant de conseil et d'armes, selon sa puissance, car il « était boiteux moult fort; mais, pour ce, ne demeura mie' « qu'il ne fût hardi et entreprenant, et ne daigna onques fait « en bataille. » Ses amis étaient nombreux et son parti puissant.

L'autre, le maréchal Robert Bertran, seigneur de Briquebec, comptait sur sa haute situation acquise et sur sa grande autorité.

(1) Froissart. Chroniques, t. II, p. 197.

Le roi Philippe VI, qui prévoyait les conséquences les plus
fâcheuses des hostilités prêtes à éclater entre eux, fit défense
à ces deux barons de guerroyer, sous peine de voir confisquer
tous leurs biens. Le 30 mars 1341, il leursignifia sa volonté.
Ils parurent tout d'abord s'incliner devant cette volonté sou-
veraine.

Cependant de Harcourt se pré<para secrètement à tirer une
éclatante vengeance de l'outrage qu'il croyait avoir reçu de la
famille Bertran, et, de concert avec quelques-uns de ses parti-
sans, il fit attaquer l'évêque de Bayeux, Guillaume Bertran,
que le Roi avait pris sous sa sauvegarde. Il ordonna d'abattre
la tour de Galigny (1) et d'assiéger le château de Neuilly, l'une
des résidences habituelles du prélat. En même temps, il mit
la place de Saint-Sauveur-le-Vicomte en état de défense et
en confia la garde à Raoul de Bigars et à Raoul Patri. Ceux-
ci essayèrent de se défendre dans le château ; mais la résistance était impossible et la révolte fut vite comprimée.

Afin d'échapper à une juste punition, Godefroi de Harcourt
quitta aussitôt le pays. Ses complices, bientôt arrêtés, furent
conduits au Parlement pour y être jugés.

On les accusait non seulement d'avoir attaqué l'évêque de
Bayeux, mais encore d'être entrés dans un complot et d'avoir
formé une conspiration qui favorisait les prétentions du roi
d'Angleterre au trône de France, et qui tendait, en même
temps, à mettre la couronne ducale de la Normandie sur la
tête de Godefroi de Harcourt. (2)

Les conjurés avaient, disait-on, tenu plusieurs conciliabules.
Leurs premières réunions avaient eu lieu dans une grande
chasse aux bêtes fauves, à laquelle de Harcourt les avait
conviés sous les futaies de la forêt de Mortain ou de Lande-

----

(1) Peut-être Caligny.
(2) Grandes chroniques, T. V, p. 430-433.

Pourrie. (1) A cet effet, les vastes salles du château de La Motte, situé sur les rives de la rivière d'Egrenne, dans la paroisse de Ger, et édifié par le roi Henri II d'Angleterre, qui y avait même écrit son testament, leur avaient prêté leur ombrage et le silence.

Puis réunis de nouveau à Saint-Lo, sans doute dans la forteresse, ils y avaient définitivement arrêté les bases de leur association.

Le bruit public avait encore grossi les charges qui s'élevaient contre les accusés. On allait jusqu'à répéter que Godefroi avait promis de livrer la Normandie à Edouard III, et qu'il lui avait offert son château de Saint-Sauveur pour servir de base d'opérations à l'armée Anglaise.

Ce qui est certain, c'est que Jean, sire de la Roche-Tesson, Guillaume Bacon et Richard de Percy furent poursuivis pour crime de lèse-majesté. La haute-cour de justice assemblée dans le château de Saint-Christophe-en-Halate, le 31 mars 1344, les condamna tous les trois au dernier supplice. La séance avait été présidée par le Roi en personne ; il avait à ses côtés le Duc de Normandie et le Comte de Blois.

La veille de Pâques (3 avril), les malheureux furent traînés depuis le Châtelet jusqu'à l'échafaud, dressé à Paris, aux halles, près de la fontaine, et décapités par le bourreau.

Après l'exécution, les corps furent pendus au gibet de Montfaucon. Puis, leurs têtes furent envoyées à Saint-Lo, pour y être mises sur une roue, en plein marché, et enfin exposées sur les tours des trois portes de la ville. Ainsi l'avait ordonné la sentence, afin que la cité, dans laquelle le complot avait été ourdi, fût témoin du châtiment des coupables. (2)

---

(1) Texte latin de l'arrêt du Parlement. Archives Nationales, X⁴, f⁰ 108.

(2) Archives Nationales. Registres du Parlement. X, 8837, f⁰ 187. — Grandes Chroniques, t. V, p. 433. — Froissart. Chro-

Quant à Godefroi de Harcourt, appelé pour la quatrième fois devant la Cour, il fut condamné par défaut au bannissement perpétuel et ses biens furent confisqués, le 15 juillet suivant. (1)

La même peine fut également prononcée contre Raoul Patri et Pierre de Préaux. (2)

Raoul de Bigars, l'ancien capitaine du château de Saint-Sauveur-le-Vicomte, fit valoir les circonstances atténuantes devant ses juges. Il avait bien assisté aux conciliabules de la forêt de Lande-Pourrie, mais il n'avait pas entendu les propos séditieux tenus par les chefs du complot. Il fut acquitté.

Pour les autres complices, Robert Fouterel, de Sesseville, Guillaume de Briqueville, Jean de Tournebu, Henri de Tilly, Renaud de La Haie, etc., la plupart furent mis en liberté, ou n'eurent qu'à subir des peines minimes.

Le poëte de Saint-Lo ajoute à ces détails que le Souverain Anglais envoya un exprès au roi Philippe VI, pour le convier aux funérailles des trois conspirateurs. Il avait décidé, comme représailles, de leur donner une grande solennité à Saint-Lo même et il les fit, en effet, le jour indiqué, en les consacrant par le sac et le pillage de la ville. (3)

Ainsi, les premiers ferments de cette guerre à jamais mémorable avaient pris naissance pour ainsi dire dans notre Basse-

niques, t. I, p. 179. — Chroniques des quatre premiers Valois, p. 9. — Chronique de Flandre. Preuves, p. 90. — M. Léopold Delisle. Histoire de Saint-Sauveur-le-Vicomte, p. 70. — La Roque. Histoire de la Maison de Harcourt, p. 898. — De Gerville. Châteaux du département de la Manche. Saint-Lo, p. 7. — M. Edmond Mayer. Charles de Navarre, 1898, p. 17-20.

(1) Archives Nationales. Registres du Parlement, X, 8837, f° 204.

(2) Archives Nationales. Registres du Parlement, X, 8837, f° 186.

(3) Toustain de Billy. Mémoires sur l'Histoire du Cotentin et de ses villes. Saint-Lo, p. 46.

Normandie, sous les rameaux ombreux de la forêt de Mortain,
et dans le château de Saint-Lo, par le fait même de la conspiration dont nous venons de retracer les principaux détails.
Elle amena, à deux reprises, les Anglais en Normandie, et
provoqua pour la France des désastres, dont les traces *en
parurent cent ans après*. (1)

La période historique qui s'écoula de l'année 1337 à l'année
1450, et pendant la quelle la France et l'Angleterre bataillèrent
presque sans interruption et sans relâche, présente trois
grandes phases parfaitement distinctes.

Les désastres de Crécy et de Poitiers, et le funeste traité de
Bretigny.

La sagesse de Charles V, combinée avec l'habileté et la
valeur militaire de Duguesclin, qui ruinèrent l'influence
Anglaise et reconquirent les provinces perdues.

Le règne funeste de Charles VI; la querelle des Bourgui-
gnons et des Armagnacs ; et, enfin, sous Charles VII, le senti-
ment national personnifié dans l'héroïsme de Jeanne d'Arc ;
la victoire de Formigny, et l'expulsion complète des Anglais,
qui, à la fin de la guerre, ne possédaient plus que Calais sur
le continent.

Mais tout cela est de l'histoire générale.

Ce que nous avons voulu rechercher spécialement ici, c'est
le rôle du château-fort de Saint-Lo et ce qui peut s'y ratta-
cher par les guerriers qui le commandèrent et en eurent la
garde. Nous regrettons cependant quelques lacunes dans nos
informations ; peut-être un jour nous sera-t-il possible de les
combler.

Les faits que nous avons rappelés sont déjà bien éloignés.

---

(1) Froissart. Chroniques, t. 1, p. 204.

Au milieu des luttes incessantes de ces xive et xve siècles, les hommes pensèrent plutôt à leurs armes qu'à leurs plumes ; souvent même les incendies ont détruit ce qu'ils avaient écrit. Peu de chartes ont donc survêcu. Cependant, nos récits sont encore documentés.

Pourtant nous avons été peiné de ne pouvoir reconstituer ni les plans, ni les assises de la vieille forterese qui fut si vaillante (1). Nous regrettons également de n'avoir à indiquer quelque circonstance particulière de la prise, sans coup férir, de la ville de Saint-Lo, en 1346, par Edouard III, roi d'Angleterre, ainsi que le disent Froissart, et après lui Larousse et de Gerville.

Dans cette circonstance, la cité fut pillée de fond en comble. Les chroniqueurs parlent surtout de sa richesse ; mais ils ne disent rien du château. Saint-Lo était occupé alors par huit à neuf mille habitants que le commerce de la draperie notamment avait beaucoup enrichis et que les Anglais ruinèrent en un instant.

Nous eussions été désireux encore de retrouver les lettres de grâce et de pardon, *Les Lettres d'Abolition*, comme on les appelait vulgairement, qui durent être octroyées à Saint-Lo, par le roi Charles VII, en 1450 ou 1451, après la victoire. Nous avons pu publier celles qui furent accordées, dans les mêmes circonstances, aux villes de Vire et de Domfront. C'eut été avec joie que nous y eussions réuni celles qui concernent le chef-lieu du départément de la Manche. Elles eussent été à nos yeux comme un véritable diplôme d'honneur.

---

(1) Nous nous demandons notamment si la tour qui est dans les dépendances de la préfecture de Saint-Lo, et qui servit jadis aux archives départementales, faisait partie du château fort, ou si elle était comprise dans l'enceinte des fortifications de la cité.

LES CAPITAINES ET GOUVERNEURS
du Château de Saint-Lo
PENDANT LA GUERRE DE CENT-ANS.
(de 1337 à 1453)

La possession, depuis plusieurs années, d'une charte contemporaine de la Guerre de Cent-Ans, nous a donné la pensée de rechercher quels furent les Capitaines et les Gouverneurs de la vieille forteresse de Saint-Lo, durant cette période néfaste. Elle nous a permis de réunir d'assez nombreux documents sur une quinzaine de ces personnages, dont plusieurs eurent, dans leur temps, une certaine notoriété.

Bien que cette présente étude soit assurément incomplète, elle nous permettra cependant d'affirmer notre bonne volonté de chercheur. Car, sans le concours bienveillant et sûr de notre vénéré Président, M. Lepingard, nous eussions commis bien des oublis, que seul il nous a rendu possible de combler. C'est à lui que nous devons, entre autres, l'indication de trois des gouverneurs de Saint-Lo : Hue Spencer, Jehan Hastin et Jehan d'Estouteville. Nous tenons à lui en consigner ici notre plus vive et respectueuse reconnaissance.

I. — HERPIN, SIRE D'ERQUERY, CAPITAINE FRANÇAIS DE SAINT-LO. — 1355-1356

Le premier des capitaines de Saint-Lo que nous rencontrons est Herpin, sire d'Erquery, qui présenta un compte des gages des hommes d'armes (1) servant sous ses ordres en 1355 et 1356. D'après un titre communiqué par Guiton de la Ville-

---

(1) Anciennement l'homme d'armes était un cavalier armé de toutes pièces.

berge, à M. de Gerville, ce capitaine avait sous son commandement, dans cette forteresse, 2 chevaliers, 27 écuyers et 17 archers à cheval. (1)

II. — HENRY DE THIÉVILLE, CAPITAINE FRANÇAIS DE SAINT-LO. — 1360-1374.

Une charte, dont nous communiquons l'original sur parchemin, nous révèle, tout d'abord, le nom de Thiéville, (2) très
connu dans la région de notre Basse-Normandie, puisque deux
prélats de cette famille très distinguée avaient occupé, l'un,
Raoul de Thiéville, le siège épiscopal d'Avranches, de l'année
1269 à l'an 1292 ; l'autre, Guillaume de Thiéville, sans doute
le neveu du précédent, le siège épiscopal de Coutances, de
de 1315 au 31 octobre 1345. Cette maison avait de plus donné
un abbé à Lessay, ainsi que deux abbesses à l'abbaye royale
de la Trinité de Caen. (3)

Quoique l'origine des de Thiéville se retrouve au canton de
Saint-Pierre-sur-Dives, arrondissement de Lisieux (Calvados),
cependant sous Philippe-Auguste, ils possédaient déjà les fiefs
de chevalier du Mesnilgarnier (4) et du Mesnilhue, (5) dans
le Cotentin où ils se perpétuèrent.

Henry de Thiéville, celui auquel se réfère notre charte, était
fils de Robert, seigneur de Vains et de Chantore, domaines
qui tous les deux se trouvaient dans l'Avranchin. Son existence nous le signale comme un homme dont les aptitudes remarquables lui permirent de remplir tour à tour des situations

---

(1) De Gerville. Les châteaux du département de la Manche.
Saint-Lo, p. 65.
(2) Dans beaucoup d'actes du XIVᵉ siècle, ce nom est orthogra-
phié Thieuville.
(3) *Gallia christiana.* Tome XI.
(4) Le Mesnilgarnier, canton de Gavray, arrondissement de
Coutances (Manche).
(5) Le Mesnilhue ou Mesnil-Hugues, également au canton de
Gavray.

considérables dans les finances, dans la magistrature, dans la diplomatie, dans le commandement militaire de diverses forteresses importantes et même dans l'entourage des rois de France, puisqu'il fut maître-d'hôtel du roi Jean-le-Bon.

Et ce qui démontre surtout sa valeur et la considération exceptionnelle dont il jouissait, c'est que lorsqu'il fut question de régler la rançon royale du prisonnier de Poitiers, fixée à trois millions d'écus d'or, et de composer la commission qui devait aller vers le roi à Londres, pour y représenter les diocèses Normands de Lisieux, Séez, Bayeux, Coutances et Avranches, Henry de Thiéville fut l'un des sept délégués qui furent choisis, avec l'évêque de Bayeux, Messire Thomas Graffart, secrétaire du roi et archidiacre d'Auge, Robert de Warignies, Henry sire de Colombières et les baillis de Caen et du Cotentin (1).

Tout nous autorise donc à affirmer que c'était un grand seigneur d'un fort beau caractère et d'une très haute distinction.

Nous pouvons, du reste, le suivre dans sa carrière entière.

Ainsi son nom se trouve d'abord inscrit sur plusieurs titres de la Cour des Comptes, de 1339 à 1340.

Avec Jean Paynel, capitaine de St-James-de-Beuvron (2), Robert de Clermont, Le Baudrain de La Heuse et le bailli de Caux, il est du nombre des seigneurs que le roi désigne pour faire observer en Normandie la trêve conclue à Bordeaux, le 23 mars 1357, sur la demande du pape Innocent IV, entre la France et l'Angleterre (3).

Très peu de temps après, sur la fin de la même année, ou au

---

(1) Voir le numéro 1 de nos pièces justicatives.
(2) Saint-James-de-Beuvron, chef-lieu de canton, arrondissement d'Avaanches (Manche).
(3) Siméon Luce. Histoire de Duguesclin. p. 239-240. — L'abbé Ménard. Histoire de Saint-James, p. 62.

commencement de la suivante, Henry de Thiéville, alors maître d'hôtel du roi Jean, est nommé commissaire, avec Henry de Colombières, pour visiter les forteresses des Bailliages de Caen et du Cotentin. En cette qualité, ils durent venir à Saint-James-de-Beuvron, afin d'y procéder à une enquête sur un fait très grave. La population de cette ville s'était soulevée contre Thomas Pinchon, bailli de Coutances et châtelain de Saint-James. Ayant à leur tête Jean Paynel, Etienne Guiton et Olivier dé Cresne, les habitants étaient entrés dans le château et en avaient expulsé de vive force Thomas Pinchon, sa femme et ses gens. L'enquête leur fut favorable. Sur leur engagement formel de bien et loyalement garder le castel au nom du Régent, le futur Charles V, ils reçurent de lui des lettres de rémission, datées d'août 1358. (1)

Vers la même époque, pendant la captivité du roi Jean et la régence du dauphin, Henry de Thiéville est lieutenant général (2) des bailliages réunis de Caen et du Cotentin. A ce titre et sur le rapport favorable par lui transmis à la Cour, le Régent accorde leur grâce pleine et entière à quatre bourgeois de la ville de Caen, meurtriers dans une lutte d'un de leurs concitoyens. (3) Les lettres en sont du 5 avril 1359.

Né bien probablement au château de Vains (4), non loin d'Avranches, Henry de Thiéville avait épousé Isabelle de Meullent, qui appartenait elle aussi à l'Avranchin. Ils n'eurent qu'une fille Catherine (5), mariée à Olivier de Mauny, chevalier, baron de Thorigny, au quel elle apporta les seigneuries

---

(1) Archives nationales. JJ. 87, n° 61 original.—L'abbé Ménard, déjà cité, p. 67, 68, 429, 430.
(2) Le lieutenant général du bailli était un officier de judicature.
(3) Archives nationales. Trésor des chartes. JJ. 87, n° 321. Minutes de la Chancellerie royale.
(4) Vains, au canton de Sartilly, arrondissement d'Avranches (Manche).
(5) Chartes des Archives de la Manche. Série H., n° 15353.

de Thiéville, du Mesnilgarnier, de Vains, de Chantore, (1) et de Saint-Pierre-Langers. (2)

Par son mariage avec Jean Goyon, sire de Matignon, Marguerite de Mauny, leur héritière, la branche aînée des Thiéville, se trouve encore actuellement représentée par les de Grimaldi, des princes de Monaco, dont le chef S. A. S. M. le prince Albert est l'un des présidents d'honneur de notre chère Société.

L'écusson héraldique des de Thiéville était d'argent à deux bandes ou cotices de gueules, accompagnées de 7 coquilles de même, posées 1, 3 et 3 (3).

.·.

Notre capitaine Henry de Thiévilte est donc le deuxième des gouverneurs de Saint-Lo dont nous pouvons nous occuper. Le titre original, inconnu jusqu'ici et que nous produisons (4), sans avoir une importance exceptionnelle, présente cependant à nos yeux un certain intérêt, parce que, d'abord, il inscrit les noms du guerrier et sa qualité de chevalier d'une manière indiscutable, bien que le scribe qui le rédigea eût eu une distraction en écrivant, — d'un premier jet de plume, — le mot de Saint-Vaast, au lieu de celui de Saint-Lo : mais il s'aperçut instantanément de l'erreur qu'il commettait, et aussitôt il restitua le mot de Saint-Lo.

Cette pièce concerne de plus la fin d'une première période de la guerre de Cent-Ans, celle où, après avoir expulsé les Anglais, et, comme le dit notre charte « *fait la vuidange des*

---

(1) Chantore, château en la commune de Sartilly.
(2) Saint-Pierre-Langers, au canton de Sartilly.
(3) La Chesnaye des Bois. Dictionnaire de la noblesse, T. XVIII. — Potier de Courcy. Nobiliaire de Bretagne. — De Gerville. Châteaux de la Manche. Coutances, p. 150.
(4) Voir le numéro 2 de nos pièces justificatives.

forteresses occupées par l'étranger, il fallut que Louis de Harcourt, lieutenant du roi Charles V, indemnisât les officiers sous ses ordres des dépenses qu'ils s'étaient imposées pour reconquérir les châteaux-forts précédemment au pouvoir des ennemis. En un mot, c'est un ordre donné au receveur général des finances de faire payer par Jean Guichard, son receveur, les sommes qui lui seraient réclamées par Henry de Thiéville, capitaine de Saint-Lo. En réalité, ce mandat est un blanc-seing, un acte dénotant la pleine confiance du Souverain pour son gouverneur. Il est daté de Lisieux, le 12 mars 1360.

Trois ans plus tard, ce même de Thiéville était-il encore capitaine de Saint-Lo ? Nous ne saurions le dire ! Ce n'est pas impossible, probable plutôt. Mais les Archives nationales (1) ont conservé une autre charte originale, datée de Pontorson, le 1er mai 1363, qui le concerne. Celle-ci est un ordre donné par l'illustre Bertrand Duguesclin, qui n'était pas encore connétable de France, mais capitaine des bailliages de Caen et de Cotentin, de lui payer ses gages, pour le temps qu'il emplôierait, avec seize hommes d'armes, à s'emparer du château d'Aunay. (2)

Enfin, le 13 juin 1364, Charles V donna commission à ce fidèle chevalier pour recevoir l'obéissance « des sujets nobles « ou non nobles » du roi de Navarre et leur faire prêter le serment de fidélité (3)

*
* *

Notre Mémoire était entièrement terminé lorsque nous nous sommes avisé de consulter le riche Cabinet des Titres manuscrits de la Bibliothèque Nationale. Là nous avons retrouvé

---

(1) Voir le numéro 3 de nos pièces justificatives.
(2) Aunay-sur-Odon. Arrondissement de Vire (Calvados).
(3) Voir le numéro 4 de nos pièces justificatives.

dix-neuf chartes qui nous ont permis de compléter nos données précédentes sur Henry de Thiéville.

Ces nouveaux documents nous permettent de le suivre jusqu'en 1374, et de prolonger ainsi d'une dizaine d'années son existence toujours remplie d'un certain éclat.

Tout d'abord ils nous autorisent à assurer, d'une façon à peu près positive, qu'il conserva constamment sa capitainerie de Saint-Lo. Seulement il lui fallut à plusieurs reprises la quitter momentanément pour entrer en campagne et répondre aux nombreux appels sous les commandements supérieurs de Guillaume Du Merle, sire de Messey, en juin 1366, et de G. Le Beigue de Fayel, en août 1374. (1)

Et la preuve que Saint-Lo eut au moins pendant quatorze ans de Thiéville pour gouverneur, c'est que quatre de ses quittances de payes sont datées de cette ville, les 30 mai 1366, 13 juin 1366, 24 mars 1371 et 27 mars 1371. (2)

Du reste, il est certain qu'appartenant à la noblesse, qui était assujettie au service militaire, il s'en acquitta sans cesse en passant les montres et revues de ses hommes dès le 1er février 1355, le 1er mai 1355 et le 24 mars 1374. (3)

A ce titre aussi, il avait délivré des récépissés des appointements de sa compagnie, le 22 janvier 1357 et le 21 août 1374. (4).

Il le faisait avec d'autant plus de satisfaction et de régularité,

---

(1) Bibliothèque Nationale. Manuscrits français. Pièces originales, 29.312, n° 14. — Id. cabinet d'Hozier, n° 6.
(2) Bibliothèque Nationale. Pièces originales. Idem, n°s 13, 14, 15, 16.
(3) Bibliothèque Nationale. Pièces originales, 29.312, n°s 2, 4 et 17.
(4) Bibliothèque Nationale. Id. id., n°s 3 et 16. — Id. cabinet d'Hozier, n° 6.

qu'il avait même la qualité de chevalier *banneret*, (1) c'est-à-dire qu'il pouvait lever bannière et composer une ou plusieurs compagnies de ses propres vassaux. Ce titre lui donnait ainsi un rang supérieur à celui de chevalier.

En effet, outre le titre de seigneur de Vains et de Chantore, qu'il tenait de son père (2), il y joignait celui de sire du Mesnil-Garnier. (3) Il possédait donc deux paroisses, situées l'une dans l'Avranchin, l'autre dans le Cotentin.

Il est à remarquer néanmoins que dans aucun de tous les actes qui émanent de lui ne se trouve la signature d'Henry de Thiéville. Au contraire son écusson héraldiqne y apparaît sur cire rouge avec ses deux bandes et ses sept coquilles. Il est décrit de même sur des pièces de 1533 et de 1736. (4)

Thiéville dans ces conditions avait pu amener avec lui à Guillaume du Merle, capitaine général, en 1366, le nombre de 3 autres chevaliers, 21 écuyers et 16 archers, formant sa propre légion. Leur prêt, du 29 mai au 12 juin 1366, s'était élevé à 47 francs d'or ; il en avait donné le reçu à St-Lo, le 13 juin. (5)

De même, en 1374, il avait accompagné G. Le Beigue du Fayel, dans une nouvelle campagne, avec sept de ses écuyers. Le trésorier des guerres lui avait compté 805 francs d'or pour leurs gages, dont le récépissé est daté de Bayeux, le 21 août 1374. (6)

Il est facile dès lors de se rendre compte que dans une telle situation Henry de Thiéville ait joué un rôle important.

---

(1) Bibliothèque Nationale. Cabinet d'Hozier, verbo Thiéville.
(2) D'après Reuault, l'évêque d'Avranches, Raoul de Thiéville fut aussi seigneur de Vains et de Chantore.
(3) Bibliothèque nationale. Pièces originales 29.312, n°s 3, 7 et 13.
(4) Bibliothèque nationale. Pièces originales. Verbo de Thiéville.
(5) Bibliothèque nationale. Idem. Pièces originales, 29.312, n° 14.
(6) Bibliothèque nationale. Cabinet d'Hozier. V° Thiéville, n° 6.

Aussi, dès 1357, à la requête pressante des bourgeois et des habitants de Falaise qui, disaient-ils, n'avaient aucun capitaine *capable de les gouverner et qui étaient en péril et en grant double de estre surpris et gâstez par les ennemis*, le prince Charles, fils ainé du roi, alors régent et futur Charles V, lui expédia-t-il, le 28 septembre 1357, des lettres de commission de capitaine et *garde de la dicte ville, castel et vicomté de Faloise* (1).

Peu après il était pourvu de la capitainerie de Saint-Lo, qu'il conserva tout au moins jusqu'en 1374.

A ce moment du reste — (1357) — après avoir été maître d'hôtel du roi Jean Thiéville, remplissait le même office près du Dauphin, devenu Régent du Royaume, pendant la captivité de son père, et il y fut maintenu par le nouveau roi Charles V. Ces faits ressortent parfaitement des manuscrits de la Bibliothèque nationale.

De même ils indiquent bien qu'il était lieutenant général des Baillliages de Caen et du Cotentin, le 11 mai 1358.

On ne saurait douter que ce fut du temps où Thiéville gouvernait la citadelle de Saint-Lo qu'il reçut la mission d'aller s'emparer, en 1363, du château d'Aunay, non loin de Vire ; nous en avons déjà parlé.

Deux ans plus tard, il fut encore chargé d'accomplir le même devoir et de réduire la forteresse de Saint-Sever, dans le même rayon du Bocage. Le traité de la capitulation qui en fut faite est du 12 novembre 1365. Les assiégés se soumirent à payer *une composition* de 9.000 francs. Le 2 décembre suivant, une assemblée se tint à Saint-Lo afin de répartir la moitié de cette somme *sur la terre du Roi*. M. Léopold Delisle a publié un *vidimus* de ces actes, daté du 4 décembre 1365, d'après les

(1) Bibliothèque nationale. Pièces originales, 29.312, n° 6.

chartes Royales de la Bibliothèque Nationale, t. VI, n° 70. (1)

Le 12 mars 1366, Thiéville reçut le paiement des sommes qui lui étaient dues pour le faict du *vuidement* de Saint-Sever. (2)

Du reste, pour préparer les dernières opérations militaires sur diverses forteresses, Charles V avait, par mandement daté de Senlis, le 27 juillet 1365, chargé Jean de la Roche et Etienne du Moustier de dresser les rôles d'emprunts forcés de la Basse-Normandie, en leur recommandant de se transporter *ès bonnes villes de Caen, de Baieux, de Saint-Lo et autres villes notables des diocèses de Lisieux, Sez, Baieux, Coustances et Avrenches.* (3)

Ces moyens de répression ne suffirent pas cependant pour pacifier le Cotentin.

D'après deux chartes royales du 16 mai 1366, de nombreuses compagnies de révoltés continuèrent « *à piller, rober et destruire le païs et noz subgiez. Pour obvier*, dit le roi, *à leur mavoise volenté et emprise, pour pitié et compassion de notre peuple*, » il dut donner l'ordre à Guillaume du Merle, capitaine général de la Normandie, de se rendre à Caen et à Saint-Lo, avec une imposante armée afin de rétablir la paix. Renier Le Coutelier, vicomte de Bayeux, et Aymar Bourgoise, trésorier des finances, reçurent des instructions pour solder les émoluments des troupes employées. (4)

---

(1) Voir les Mandements et actes divers de Charles V, n° 266 (Collection des documents historiques de l'histoire de France). — Egalement : Bibliothèque Nationale. Fonds français. Pièces originaies, tome 2828. (29.312). Charte n° 11. Thiéville.

(2) Bibliothèque Nationale. Fonds français. Pièces originales, même volume. Charte n° 12, id.

(3) Bibliothèque Nationale. Chartes Royales, t. VI, n° 63. — Bibliothèque Nationale. Cabinet des titres. Dossier Moustier.

(4) Bibliothèque nationale. Cabinet des Titres. Dossier Merle. — Id. Chartes Royales, T. VII, n° 89. — Id. Mélanges de Clairambault, 289, p. 41. — Id. Manuscrit du Fonds Français, n° 22 469, p. 43. — Mandements de Ch. V, n° 308 et 309.

Il est absolument positif que dans ces circonstances fort critiques les bourgeois et les habitants de la ville de Saint-Lo eurent à *soustenir de grans griefs, extorcions et dommages,* selon l'expression de Charles V, lui-même. Aussi voulut-il leur faciliter les moyens de relever leurs fortifications qui avaient beaucoup souffert.

A cet effet, en plus de certains droits fiscaux qu'ils possédaient déjà, il leur concéda le privilège de prélever le *dixième denier* de tout ce qui serait cueilli, levé et reçu franchement, pendant une année, à son profit, en la ville de Saint-Lo, sur *les aides* récemment ordonnés pour la défense du royaume. Cette ordonnance est datée de Paris, le 20 octobre 1369. (1).

Ces mêmes droits furent renouvelés à plusieurs reprises par le Souverain.

Ainsi, une ordonnance du 9 décembre 1373 prolongea d'une année l'autorisation qu'il avait accordée déjà aux mêmes *bourgois et habitans de Saint-Lo, ville fermée,* de percevoir cette fois le *sixième* de l'imposition de *douze deniers par livre,* pour l'employer aux fortifications et *réparacions* de leur ville. (2)

Enfin, par deux dernières Chartes des 17 janvier 1376 et 27 janvier 1378, le Roi voulut continuer de nouveau, « comme « par plusieurs années passées », ainsi qu'il le déclare, l'octroi de la *sixième* partie de l'imposition de XII deniers pour livre de toutes denrées et marchandises vendues en la ville de Saint-Lo, « dans le but de convertir en la fortification de la dite ville et en la garde et autres necessitez d'icelle ». (3).

---

(1) Bibliothèque Nationale. Chartes Royales, t. VI, n° 166. — Mand. de Ch. V. n° 597.

(2) Bibliothèque Nationale. Originaux Français, n° 20.584, n° 59. — Mand. de Ch. V, n° 997.

(3) Bibliothèque Nationale. Chartes Royales, t. VII, n° 345 et t. VIII, n° 465. — Mand. de Ch. V, n° 1320 et 1321.

A n'en pas douter ces bienfaits, qui se renouvelèrent sans cesse, furent dus au concours généreux et puissant d'Henry de Thiéville et à l'affection du Roi pour ce vaillant guerrier qui fut, en même temps, un homme supérieur.

Ce qui constate tout particulièrement à nos yeux la haute confiance et le grand crédit qu'il avait su conquérir à la Cour, c'est que, dès le 7 avril 1364, la veille même de la mort du roi Jean le Bon, il avait reçu du Régent de France une commission *générale* pour voir et visiter certains *chasteaux et fortereces* de Normandie. (1)

Devenu roi, Charles V renouvela les mêmes pouvoirs à son conseiller pour la visite des *fortereces* du bailliage de Cotentin, en compagnie du bailli de Coutances. Robert Le Roussignol, *recheveur* de Saint-Lo et du diocèse de Coutances, s'acquitta des indemnités dues pour ces opérations, le 24 mars 1372. (2)

Sans conteste, Henry de Thiéville et Suffolk furent les plus remarquables des gouverneurs que compta la ville forte de Saint-Lo, durant cette longue guerre de Cent-Ans. Suffolk prima peut-être son prédécesseur par sa situation de général commandant l'armée Anglaise, mais il ne le surpassa jamais par ses qualités de patriotisme à la grande cause nationale de la France.

Nous avons aimé à pouvoir reconstituer cette existence glorieuse dans ses moindres détails.

---

(1) Bibliothèque Nationale. Mss. Fr, Pièces originales. 29.312, n° 11.

(2) Bibliothèque Nationale. Mss. Fr. Pièces originales, n° 15. Le 4 juin 1375, *Robert Le Roisseignol*, bourgeois de Saint-Lo, fut député par les Etats de Normandie pour contracter auprès du roi Charles V un emprunt en vue de payer aux Anglais la somme convenue pour la délivrance du Château de Saint Sauveur-le-Vicomte. (Histoire du Château et des Sires de Saint-Sauveur-le-Vicomte par M. L. Delisle. Preuves p. 253-259).

III et IV. — Jean Tesson et Guillaume Carbonnel, capitaines de Saint-Lo. — 1417

D'après de Gerville, ce furent Jean Tesson et Guillaume Carbonnel, tous les deux, en même temps, capitaines de Saint-Lo, qui rendirent le château de cette ville au duc de Glocester, le 28 mars 1417. (1)

Précédemment, le 1er mai 1387, Guillaume Carbonnel avait procédé à une revue de sa compagnie dans la ville de Carentan. (2)

V. — Regnaut West, capitaine anglais de Saint-Lo. — 1417-1419.

Nous ne savons que ceci sur Regnault West :

Après avoir pris possession de sa capitainerie de Saint-Lo, dès les premiers temps de l'invasion anglaise, Regnaut West et Tanneguy du Chastel, maréchal des guerres, au nom du Régent, passèrent les revues, (*les montres militaires,* selon le vocable adopté dans ces temps), des troupes en armes, mises sous leurs ordres. Ces opérations s'effectuèrent à Melun et à Saint-Lo, les 27 août 1419 et 25 mars 1420. West prenait le titre de chevalier. La revue qu'il passa à Saint-Lo, le 25 mars, se composa de 22 écuyers et de 53 archers, plus de 7 ouvriers. La liste qui en fut dressée n'est qu'une simple indication de noms, sans aucune mention spéciale (3)

D'après les registres de la Tour de Londres, les lettres-

---

(1) Rymer. Rolles normands. T. I, p 253. — De Gerville; Châteaux déjà cités. Saint-Lo, p. 65.— Aristide Gilbert. Les villes de France. Saint-Lo.
(2) Archives nationales. Cartons des Rois. K. 53, n° 45⁸² original.
(3) Archives nationales. K, n° 23³ original.

patentes de la nomination d'un capitaine à Saint-Lo furent signées par le roi d'Angleterre, le 10 octobre 1419. Il est certain que ce commandant du château fut Regnaut West. (1)

En effet, dans une liste inscrite sous le n° 1359, et provenant de la bibliothèque Harléenne, on donne les noms des villes et des châteaux conquis en France, dès 1417, par Henri V, et, pour Saint-Lo, en ce qui concerne le capitaine de cette place, ce document s'énonce ainsi : « *At Saint-Lo, sir Regnold West* » ; c'est bien notre personnage.

Mais, dès le 5 décembre 1419, il fut transféré à la forte- resse de la Motte. (2)

De Gerville, qui donne à West le prénom de Reginald, assure que tandis qu'il fut capitaine de Saint-Lo, il reçut du roi d'Angleterre la mission spéciale d'accepter les soumissions de ceux qui voudraient reconnaître la domination anglaise. (3)

Effectivement, un certain nombre des habitants de cette ville ne tardèrent pas à faire leurs déclarations entre ses mains et le roi les maintint dans leurs fortunes, par lettres patentes, dont les minutes sont aux Rôles normands de la Tour de Londres.(4)

VI. — William de la Pole, comte de Suffolk, capitaine anglais de Saint-Lo. — 1422-1433.

Un acte d'une certaine importance, et qui porte dans la diplomatie le nom *d'endenture,* c'est-à-dire de charte, dont la

---

(1) Mémoires des Antiquaires de Normandie. T. XXIII, n° 675.
(2) Mémoires des Antiquaires de Normandie, T. XII, n° 699. — La Motte, château, commune de Saint-Ebrémond-de-Bonfossé, canton de Canisy et arrondissement de Saint-Lo (Manche). — Mon père a possédé ce château et j'y ai passé plusieurs années dans ma jeunesse.
(3) De Gerville. Châteaux de la Manche. Saint-Lo, p. 66.
(4) Mémoires des Antiquaires de Normandie. T. XIII, n°s 249, 871 et 978.

marge détachée d'un livre à souche est dentelée et non coupée
en ligne droite, nous fait connaître que le duc de Bedford, régent
de France au nom du roi d'Angleterre Henri V, institua le
10 octobre 1422, jusqu'au 29 septembre 1423, le comte de Suffolk, *gardien du pays de Coutances et d'Avranches, ainsi
que des chastel et ville de Saint-Lo et de la ville de Coutances*.

Par cet accord, qui mettait ces contrées sous la sauvegarde
du célèbre guerrier, qui fut plus tard commandant en chef de
l'armée anglaise, le Régent exigeait que son capitaine eût sous
ses ordres 50 hommes d'armes et 130 archers, tous à cheval,
entre les quels 20 hommes et 60 archers pour son escorte per-
sonnelle.

En outre, il devait avoir 20 hommes d'armes et 60 archers,
constituant la garnison spéciale de Saint-Lo, et 10 hommes
d'armes et 40 archers pour celle de Coutances.

L'endenture était datée de Vernon, le 10 octobre 1422. (1)

Ces mesures d'une grande sévérité avaient été prises afin
d'augmenter les garnisons anglaises voisines du Mont-Saint-
Michel, à la suite dé deux importants avantages remportés par
Jean de Harcourt, comte d'Aumale, au mois d'août précédent,
au cours d'une chevauchée entreprise afin de forcer les Anglais
à lever le siège de Dangu, (2) défendu par Le Roussin.

La première rencontre des belligérants avait eu lieu près de
Bernay, où Ambroise de Loré et Jean de la Haye, baron de
Coulouces, avaient mis en désordre trois cents Anglais, et où
Jean de Harcourt avait été fait chevalier par le vicomte de
Narbonne.

---

(1) Bibliothèque nationale. Manuscrits français, quittances,
t. 53, n° 5773, original.
(2) Dangu. Au canton de Gisors, arrondissement des Andelys
(Eure).

Le second combat fut livré au retour d'une expédition, entre Moulins-la-Marche et Mortagne. Philippe Branche, battu par les Français, y avait laissé plusieurs centaines des siens. (1)

Malgré ces précautions, le régent d'Angleterre ne put éviter plus tard, ni la défaite des Anglais à la Brossinière, le 26 septembre 1423, ni, par suite, le siège d'Avranches, ni la chevauchée faite devant Saint-Lo, en octobre 1423, par le comte d'Aumale, capitaine du Mont Saint-Michel, secondé par Louis d'Estouteville, sire d'Auzebosc. (2)

Ceux-ci allèrent même faire le siège de Caen, au mois de décembre suivant. (3)

Mais, à ces dernières dates, Suffolk ne devait plus avoir le gouvernement immédiat de Saint-Lo. Ce commandement avait dû cesser pour lui, d'une manière effective, dès le 24 septembre, car, dès ce jour là et le 26 du même mois, Thomas Blount, chevalier et Lorens Waren, naguère bailli de Cotentin, avaient été institués capitaines, le premier à Saint-Lo et le second à Coutances.

Cependant nous voulons rappeler que, dès les débuts de la conquête, le roi d'Angleterre avait donné, le 6 mai 1419, au comte de Suffolk la baronnie de Bricquebec, en la vicomté de Valognes, aussi bien que la seigneurie de Neuville-en-Bessin, en la vicomté de Bayeux. (4)

· Quelques années plus tard, le 12 avril 1427, il avait encore reçu les terres de Chanteloup et de Créances, confisquées

---

(1) La Roque. Histoire de la Maison d'Harcourt, t. IV. 1685. — Chronique du Religieux de Saint-Denis, t. VI, p. 474, 476, 478. — Gestes des nobles, p. 186 et 189.
(2) La Roque, déjà cité, T. III, p. 496 et 504.
(3) Bibliothèque nationale. Mss. français. Quitances, T. 55, n° 169.
(4) Archives nationales. JJ. 267², n° 451. Original.

également sur Louis d'Estouteville et sa femme, Jeanne Paynel. (1)

Fait prisonnier à la journée de Jarzeau, le 12 juin 1429, Suffolk avait été réduit à vendre Bricquebec à Bertin de Entwistle, l'un de ses lieutenants, afin d'avoir de l'or pour payer sa rançon. Le 4 février 1431, Bertin fit hommage de sa nouvelle baronnie.

C'était ce même Bertin de Entwistle, qui, en qualité de lieutenant de l'amiral comte de Suffolk, avait rempli, du 10 octobre 1422, jusqu'en septembre 1423, l'office direct de la garde de la forteresse de Saint-Lo. Sous ce titre, il fut compris au compte des paiements faits à Nicolas Burdett, bailli du Cotentin, chargé de diriger les opérations du siège du Mont-Saint-Michel, d'après les états de finances du 8 septembre 1424, à la fin de janvier 1425.

Suffolk fut, dans son temps, l'un des personnages les plus considérables de l'Angleterre.

VII.— Thomas Blount, capitaine anglais de Saint-Lo.—

1423.

A notre précédent article (le comte de Suffolk), nous avons déjà dit que, le 24 septembre 1423, Thomas Blount avait été nommé capitaine de Saint-Lo.

Sous ses ordres, la garnison de cette forteresse se composait de 20 hommes d'armes, dont 13 à cheval et 7 à pied, plus de 60 archers. (2)

---

(1) Archives nationales. JJ. 175, n° 644. — Siméon Luce. Chroniques du Mont Saint-Michel, T. I, p. 258.— — M. Oscar de Poli Les défenseurs du Mont Saint-Michel, n° 1123, p. 114.

(2) Bibliothèque nationale. Manuscrits français. Quittances, T. LV, n° 118.

Dès le 12 septembre 1423, Blount avait fait partie des troupes réunies pour le siège du Mont-Saint-Michel. Il commandait alors dix hommes d'armes et trente archers à cheval. Nicolas Burdett, bailli du Cotentin, les passa en revue, ce jour là, et, pour la solde de leur service, il ordonnança le paiement de 297 livres 18 sous 4 deniers tournois de leurs gages, dans les comptes du 8 septembre 1424, déjà cités. (1)

Ce même Thomas Blount devint ensuite trésorier et gouverneur général des finances de Normandie (2).

VIII.— Raoul Tesson, capitaine anglais de Saint-Lo.—
1429-1430.

Quand le comte de Suffolk eut été fait prisonnier à la bataille de Jarzeau, *les seigneurs du Conseil royal* durent prendre des mesures énergiques pour la défense de la Basse-Normandie.

A l'occasion de plusieurs *chevauchées* faites par les Français devant Saint-Lo, pour s'emparer de cette forteresse, ils ordonnèrent que Raoul Tesson, chevalier, seigneur du Grippon, (3) et Pierre Le Boulengier, clerc du bailliage du Cotentin, opéreraient, dès le 1er août 1429, *le renforcement de cette place de xxx archiers ou arbalestriers, pour l'absence et emprisonnement de Monseigneur le comte de Suffolk, capitaine d'icelle ville, et obvier aux inconvénients qui se povaient ensuyr audit lieu par deffault d'y avoir chief et capitaine mesme que à ce temps les ennemis en grant nombre avoient couru plusieurs foys devant ycelle pour essayer à ycelle prendre.*

Ils conférèrent en conséquence à Messire Raoul Tesson le

<hr>

(1) Bibliothèque nationale. Mss français. Quittances, T. LV, n° 118.
(2) Siméon Luce. Chroniques du Mont Saint-Michel, T. I, p. 292.
(3) Le Grippon. Hameau de la commune des Chambres, canton de La Haye-Pesnel, arrondissement d'Avranches (Manche).

titre *de chief et gouverneur de la dicte capitainerie du dict
lieu.*

Ils mirent sous sa direction 2 hommes d'armes à cheval et
40 archers ou arbalestriers à cheval, compris en ce nombre les
xxx archers installés déjà dans la place par Le Boulengier. Ce
service, fixé à la durée d'un mois, dut commencer le 21 août,
et, de ce moment, la solde en fut comptée à CL livres tournois
payables par la main du vicomte de Carentan, ainsi qu'il
résulte d'un compte du 17 août 1429. (1)

Une charte, à laquelle nous avons emprunté quelques
extraits, nous paraît très instructive au regard du château-
fort de Saint-Lo.

Elle nous assure que le comte de Suffolk, au moment où il
avait été fait prisonnier par les Français, se trouvait toujours
être capitaine de cette place. Tout nous permet cependant de
supposer qu'entre ses mains ce titre n'avait été que nominal,
c'est-à-dire que Bertin de Entwistle et Thomas Blount furent
ses véritables lieutenants et qu'ils eurent la responsabilité du
gouvernement réel. Mais lorsque leur capitaine resta aux mains
de ses adversaires, on dut le remplacer naturellement et cette
succession échut à Raoul Tesson.

Quant à l'odyssée de ce gentilhomme, qui, par ses origines
appartenait à l'Avranchin, voici ce que nous en connaissons :

Marié à Béatrix de Ryes, Raoul Tesson s'était soumis de
bonne heure à la domination anglaise. (2) Le 9 avril 1422, il
s'était fait donner par Henri V, campé alors avec son armée
devant Meaux, les biens confisqués sur Jean Tesson, son propre frère, qui s'était retiré en France, où il était mort, plutôt

---

(1) Bibliothèque nationale. Manuscrits français. Quittances,
4448, n° 488.
(2) Bibliothèque nationale. Manuscrits français. Quittances,
T. LIX, n° 924

que de prêter serment de fidélité à l'envahisseur ; (1) c'est ainsi qu'il avait possédé la seigneurie du Grippon dont avait été gratifié d'abord Robert Marbury, en 1418. Il en fit hommage au roi Henri V, le 11 septembre 1430, aussi bien que de tout ce qu'il possédait dans la vicomté d'Avranches. (2)

Le 15 mars 1430, Raoul Tesson, qui prenait le titre de chevalier, commandait à cinq hommes d'armes et à 15 archers ou arbalétriers. (3) Mais à ce moment, il paraît avoir quitté temporairement Saint-Lo, pour tenir la campagne au travers de la Normandie, sous les ordres de Guillaume de la Pole, comte de Suffolk et de Dreux, institué, pour le cours de deux mois et demi, lieutenant du roi d'Angleterre ès bailliages de Caen et du Cotentin, avec un détachement de 38 hommes d'armes et de 114 archers, en plus des 62 hommes d'armes et des 206 archers dont il disposait déjà, ce qui constituait un effectif total de 420 hommes, organisés pour la réduction des forteresses occupées par les Français. (4)

Les autres officiers qui suivaient la même fortune que Tesson, étaient notamment : Edouard Weure, que nous retrouverons plus loin, Guillaume Fortescu, Jehan Fauc, Robert de Freville, chevalier, seigneur de Pirou, Guillaume des Moulins, Henry Standisch, capitaine d'Exmes, Guillaume de Clamorgan, écuyer, etc., etc.

Peu après, le 18 juin 1432, Tesson, chevalier banneret, passait à Valognes la revue du lieutenant du bailli de Cotentin. Sous ses ordres se trouvaient xxi lances et les *archiers à l'aférant.* (5)

---

(1) Mémoires des Antiquaires de Normandie, T. XXIII, n° 1322.
(2) Archives nationales. P 267², n° 459.
(3) Bibliothèque nationale. Mss français. Quittances, T. LXII, n° 1293.
(4)   id.   id.   id.
(5) Bibliothèque nationale. Mss. français. Quittances, T. LXV, n° 1983. — Le mot afférent, aujourd'hui hors d'usage, signifie *en nombre égal.*

Mais bientôt, et sur la fin de l'année 1432, quittant brusquement le parti anglais, Raoul Tesson se rallia à la cause de la France, sous l'influence persuasive du duc d'Alençon. (1) Et presqu'aussitôt, voulant mettre à profit la connaissance parfaite qu'il possédait du château-fort de Saint-Lo, il voulut tenter, sous le commandement de ce prince, de s'emparer de cette citadelle.

Afin de faire obstacle à leurs projets, le conseil du roi Henri VI enrôla, le 24 décembre 1432, 8 hommes d'armes à cheval et 32 archers, commandés par Richard Cursum, dans le but de renforcer, pendant les fêtes de Noël, que les Français avaient l'habitude de choisir pour opérer des coups de main, la garnison de Rouen, dont la majeure partie était allée, sous les ordres du comte d'Arundel, combattre le duc d'Alençon et *s'opposer à la capitulation de Saint-Lo, alors en grand danger.*

De ce jour, Raoul Tesson avait été mis au ban des déserteurs, proclamé traître à la cause anglaise, et complice des Français. (2)

Parmi les cavaliers qui avaient suivi la fortune de Tesson se trouvait Colin Pesant, de la vicomté de Coutances. Il l'avait toujours suivi dans ses chevauchées, aussi bien que le duc d'Alençon, le baron de Coulonces, Jean Lebrun et 120 autres de ses compagnons, dans la tentative armée opérée vers Noël contre Saint-Lo. Ensuite, il avait tenu garnison au Mont-Saint-Michel, où s'était retirée la femme de Raoul Tesson. De là, enfin, il s'était embarqué sur la flotte qui, sous les ordres d'Yvon Priour, de la garnison du Mont-Saint-Michel, s'était emparée d'un certain nombre de navires anglais à Granville.

Désireux de rentrer en grâce auprès de lui, Colin Pesant

---

(1) Archives nationales. JJ, 175, nᵒˢ 284.
(2) Bibliothèque nationale. Manuscrits français Quittances, P. LXV, nᵒ 1983.

adressa, un an plus tard, une supplique au roi Henri VI. Il lui exposa qu'il n'avait agi que sous la pression d'une contrainte. Et le Souverain lui octroya la rémission de sa faute, par ses lettres du 16 septembre 1433, datées de Caen. (1)

Mais revenons au duc d'Alençon que nous avons vu devant Saint-Lo. Sa tentative échoua complètement. Néanmoins, il ne se tint pas pour battu et il la renouvela quelque temps après. La lutte continua.

Le 19 janvier 1435, Hue Spencer, bailli du Cotentin, donnait l'ordre au vicomte de Coutances, de payer à Robin Preudomme et à Hue Estromart, messagers, les frais d'un voyage qu'ils avaient fait, l'un à Saint-Lo, l'autre à Valognes, pour y annoncer que les habitants du Bessin s'étaient joints à Jean, duc d'Alençon, afin d'aller attaquer la bastille d'Ardevon. (2)

Puis, le 15 mai suivant, le vicomte de Coutances recevait encore l'injonction de payer les sommes dues à Richard Bougon, Jean Le Gendre, Jean Jolis, N... Trompille, Bertrand Sequart et Jean Maillard le jeune, messagers, pour leurs voyages à Rouen, Coutances, Saint-Lo et Cherbourg, dans des circonstances identiques. (3)

IX. — Edouard Weure, capitaine anglais de Saint-Lo.
— 1430.

Nos renseignements sur Edouard Weure sont peu nombreux. Son nom ne nous apparaît que sur l'unique charte de Rouen du 15 mars 1430, que nous avons citée déjà à propos de l'institution du comte Guillaume de Suffolk, comme lieutenant du roi d'Angleterre, par le duc de Betfort, régent. Il y est inscrit

---

(1) Archives nationales. JJ. 175, nos 116, 210, 211.
(2) Archives nationales, K 63, n° 3418, original.
(3) Archives nationales. K. 64, n° 102, original.

en ces termes : « Edouard Weure, chevalier, capitaine de
« Saint-Lo, 10 hommes d'armes et 30 archiers, natifs d'An-
« gleterre, sa personne non comprinse. » (1)

X. — Hue Spencer ou Spencier, Capitaine Anglais de Saint-Lo — 1432-1433.

Hue Spencer est connu depuis longtemps comme bailli du
Cotentin. MM, Léopold Delisle, (2) Quesnault (3) et Siméon
Luce (4) l'ont inscrit dans leurs nomenclatures ; mais sauf ce
dernier, ils ne l'ont pas signalé en tant que capitaine de Saint-
Lo. Cependant il en remplit l'office aux années 1432 et 1433,
de même qu'en 1446 il fut capitaine tout à la fois de Carentan
et de Gavray, quoique toujours bailli de Coutances. (5)

Les actes qui concernent cet important personnage sont fort
nombreux. Beaucoup d'entre eux varient toutefois sur l'ortho-
graphe de son nom. Certains l'ont appelé Spencer par un C,
d'autres par la lettre S. Le plus grand nombre l'ont même indiqué sous la dénomination de Spencier, mais celle de Spencer paraît être devenue définitive. (6) Ce qui est certain, c'est
que dans une lettre close du bailli du Cotentin, adressée par lui,
le 20 novembre 1433, (7) à Guillaume Le Breton, bailli de Caen,
il avait signé *Hue Spencer*. Cette missive fort importante dans
son temps, et datée de Saint-Lo, *en toute haste*, selon l'expression de l'expéditeur, qui l'a signée *Le Vostre*, informait
son collègue que le duc Jean d'Alençon venait d'entrer en

(1) Bibliothèque nationale. Manuscrits français, quittance,
T. LXII, n° 1293.
(2) Mémoire sur les Baillis du Cotentin, 1851.
(3) Les Grands Baillis du Cotentin, 1863.
(4) Chronique du Mont-Saint-Michel, 18.
(5) Archives Nationales. Cartons des Rois, K. 68 n° 1213.
(6) Spencer, croyons-nous devait être la désignation Anglaise
d'origine, et Spencier sa transformation Française.
(7) Bibliothèque Nationale. Manuscrits, fonds Français. Quittances, t. LXVI, n° 2485.

Normandie, du côté de Sainte-Suzanne, avec un corps d'armée considérable. D'après les informations qu'il avait reçues par six individus faits prisonniers à Avranches, les forteresses d) Caen, de Bayeux, de Neuilly-l'Évêque et de Saint-Lo, devaient bientôt être livrées par trahison au duc d'Alençon. (1)

Quant à son prénom **Hue** ou **Hugues**, en latin *Hugo*, il nous paraît applicable à une unique et même individualité.

Les actes anglais des Archives de la Tour de Londres constatent que Hugues Spencer reçut de Henri, roi d'Angleterre, le don du donjon de Fécamp et des fiefs de Trémouville et de Vinemesnille, en l'Election de Montivilliers, dès le 28 avril 1419, sous la condition du simple hommage annuel d'un fer de lance, au jour de la fête de Saint-Michel. (2) Peu après, ce chevalier était capitaine de Lillebonne. A ce titre, il reçut du même souverain, les 23 avril, 2 et 14 mai 1420, la mission d'inspecter dans les ports de Harfleur, de Honfleur, de Fécamp et autres, tous les produits commerciaux, les vins et autres marchandises expédiés vers Le Crotoy (département de la Somme), qui était au pouvoir des Français. (3) Hue ou Hugues Spencer était donc arrivé en Normandie dans les premiers jours de la conquête.

D'après ce que l'on sait déjà (4) Hue Spencer fut bailli du Cotentin des années 1432 à 1446. Il eut, dans cet intervalle, pour lieutenants généraux ou particuliers, entre autres :

1433 à 1434, Pierre de Manne, qualifié lieutenant.

1435, le 15 juin, Nicolas Le Franc, avec le même titre.

---

(1) Siméon Luce. Chronique du Mont-Saint-Michel, t. II, p. 26.
(2) Rôles Normands et Français tirés des archives de Londres. Antiq. de Normandie, t. XXIII, nº 476.
(3)   id.   id.   id   nº 1296.
(4) MM. Delisle et Quesnault. Déjà cités.

1435, le 20 juin, ... Duquesney, qui avait pris, aux assises de Saint-Lo, la qualification de lieutenant commis. (1)

1438 (1439, n. st.), le 14 janvier, Pierre Bérart, lieutenant à Saint-Lo.

1442 (1443 ?), le 26 mars, Casin Taffin, lieutenant. Il passa en revue la garnison de Saint-Lo.

1444, le 7 novembre, Nicolas Guillon, lieutenant commis présida l'assise d'Avranches.

1431 à 1437, Robert Josel, ou Jozel, que Léopold Quesnault a appelé Fezel, évidemment à tort, fut lieutenant général.

1433 à 1434 (n. st.), le 18 janvier, et le 16 février 1445 (1446 ?), Nicolas Dixmis, lieutenant général, tint les assises de Valognes (2) et reçut plus tard, à Carentan, un message. (3)

Il est à remarquer, qu'à l'exception de Josel, tous ces magistrats restèrent peu d'années en fonctions. Durant la période de 14 ans (1432 à 1446) que Hue Spencer fut bailli de Coutances, la France et l'Angleterre furent presque constamment en luttes, et, par suite, ses lieutenants furent plutôt des commandants militaires que des fonctionnaires de l'ordre civil.

Les derniers actes qui le concernent, en qualité de bailli, sont de 1445 et 1446. (4)

Sa présence à Saint-Lo, durant la gestion de son office, est constatée par des documents multiples. Deux d'entre eux, à raison de leur importance exceptionnelle pour la ville de Saint-

---

(1) Léopold Quesnault. Les grands baillis du Cotentin.
(2) M. Léopold Delisle. Mémoire sur les baillis du Cotentin. — Registre d'actes divers sur Saint-Sauveur, Manuscrit des archives de la Manche. — Bibliothèque Nationale. Manuscrits, quittances, t. LXXXII, n° 5156.
(3) Bibliothèque Nationale. Manuscrits, fonds français. Quittances, t. LXXXII, n° 5156.
(4) Archives Nationales. K. 68, n°s 1213, 1218, 1223. Originaux.

Lo, nous ont paru mériter d'être reproduits dans un travail consacré tout spécialement à sa forteresse, quoi qu'ils ne soient pas nouveaux. (1) Nous croyons utile de faire ici une très sommaire analyse d'un dernier acte de 1428, qui nous fait connaître comment, au xv⁰ siècle, étaient établis et repartis les impôts de guerre. (2)

La première de ces pièces nous donne la preuve évidente que Hue Spencer était bien le capitaine commandant la garnison de Saint-Lo et qu'en cette qualité il dirigea *une chevauchée* vers Laigle, (3) où devait se trouver alors le duc Jean d'Alençon. Cette expédition dura du 28 août au 10 septembre 1432.

Par la 2ᵉ, Spencer envoie, au même titre, une dépêche au Bailli de Caen, son collègue, pour le prévenir que par des informations très précises il vient d'être averti que le duc d'Alençon vient d'entrer en Normandie, avec un corps d'armée considérable. D'après cette lettre, datée de Saint-Lo même, le 20 novembre 1433, les quatre places fortes de Caen, de Bayeux, de Neuilly-l'Evêque et de Saint-Lo, devaient être livrées par trahison à l'agent du représentant de la France, à ce même duc d'Alençon.

La dernière, antérieure aux deux précédentes, puisqu'elle est du 11 mars 1428, est la convocation de 13 bourgeois députés par les villes de Coutances, de Carentan, de Valognes et de Saint-Lo, chargés de faire la répartition *d'une taille* ou taxe d'impôt s'élevant à 5.300 livres tournois, établie en vertu des lettres patentes du régent d'Angleterre. Cette somme devait servir à l'entretien de *18 lances et de 52 archers.*

---

(1) Voir nos Pièces justificatives, nᵒˢ 5 et 6.
(2) Voir nos pièces justificatives, nᵒ 7.
(3) Laigle, chef-lieu de canton, arrondissement de Mortagne (Orne).

XI. — Jehan Hastin ou Hasting.
1437-1438.

M. Le Président Lepingard avait eu la bienveillance de nous indiquer la présence de Jehan Hastin dans le gouvernement de la citadelle de Saint-Lo, aux dates de 1437 et 1438. Malgré nos recherches nous n'avons pu trouver aucun indice le concernant.

XII.—Jean Robessart, capitaine anglais de Saint-Lo.—
1438-1440.

Débarqué des premiers, lors de l'invasion générale de la Normandie, en 1417, Jean Robessart fut aussitôt investi du commandement important de la forteresse de Saint-Sauveur-le-Vicomte. (1)

L'honneur de la capitulation de la citadelle de Hambye (2) lui revient tout entier. Elle fut signée le 10 mars 1418. (3) Celle du Pont-d'Ouve la suivit de près ; elle eut lieu le 17 du même mois. Ce fut encore lui qui l'obtint. (4) Puis ce fut Cherbourg qui se rendit, le 25 août. Robert en signa le traité avec cinq de ses compagnons. (5)

Il avait été à la peine, mais il en fut largement récompensé par le roi, dont il reçut les seigneuries de Saint-Sauveur-le-Vicomte, de Néhou et d'Auvers, (6)

----

(1) Mémoires des Antiquaires de Normandie. T. XXIII, n° 1359.
(2) Hambye, canton de Gavray, arrondissement de Coutances (Manche).
(3) Mémoires des Antiquaires de Normandie, T. XXIII, n° 84.
(4)   id.   id.   id.   id.   n° 86.
(5)   id.   id.   id.   id.   n° 340.
(6) Mémoires des Antiquaires de Normandie, T. XXIII, n°⁸ 667, 688 et 1342.— Charles Vautier. Registre des dons et actes de Henri V. p. 78.

Aux années 1423, 1424, 1430, 1431, il est capitaine de Caudebec. (1) En 1432, il joint à cette capitainerie l'office de Maître des eaux et forêts de Normandie. (2) Puis en 1438, 1439 et 1440, il est capitaine de Saint-Lo. Il y passe de nombreuses revues et délivre de multiples quittances des gages qui lui sont dus ainsi qu'à ses guerriers. (3)

Mais en 1441, et plus tard, également nous le trouvons capitaine à Carentan, où il fit aussi ses montres militaires. (4)

A cette époque fort troublée, les craintes sont telles que le 12 mars 1441 (nouveau style 1442), les trésoriers généraux de Normandie donnent l'ordre de faire payer à Henry de Gondry la somme de 100 livres tournois pour avoir recueilli et fait transporter à Caen les recettes des Vicomtes, des Grenetiers, des Receveurs des octrois et autres officiers du fisc de Falaise, d'Argentan, de Vire, de Condé-sur-Noireau, de Bayeux, de Carentan, de Saint-Lo, de Valognes et de Coutances. On craint partout des rapts à main armée. (5)

XIII.—Bérart de Montferrant, capitaine anglais de Saint-Lo. — 1441-1443.

Sous le prénom de Bernard, Montferrant avait, dès le 14 octobre 1422, reçu l'apanage de tous les biens de feu Robert de Lorge, par une concession du duc de Bedfort, agissant comme gouverneur de la Normandie, au nom du roi d'Angleterre. (6)

Plus tard, en 1435 et 1436, il est désigné sous le prénom de

(1) Archives nationales. K. 62, nos 7 à 712, originaux. — K. 63, nos 10 à 103, originaux.
(2) Charles Vaultier. Registre des dons et actes de Henri V, p. 9.
(3) Archives nationales. K. 64, nos 23 à 2319, originaux. — K. 65, nos 1 à 47, originaux.
(4) Archives nationales. K. 67, nos 12 à 1287, originaux.
(5) Archives nationales. K. 66, no 13 . Original scellé.
(6) Archives nationales. K. 62, no 3. Vidimus.

Bérard, et figure comme capitaine de Pont de l'Arche, où il passe des revues. (1)

Ensuite, en 1441, Montferrand est capitaine de Saint-Lo et il figure sur diverses chartes spéciales à la forteresse de Tombelaine. (2)

Cette même année, ainsi qu'en 1443, il passe des montres d'armes et des revues de troupes équipées pour le service du roi, et il reçoit des mandats de paiements, dont il délivre des quittances pour ses gages. (3)

XIV.—SIMON MORHIER, CAPITAINE ANGLAIS DE SAINT-LO.—
1445-1446.

Simon Morhier fut d'abord garde de la prévôté de Paris, aux années 1425 et 1432. Nous le trouvons ensuite dans les finances, sans qualification particulière, en 1429, 1438, 1439, 1440. (4) En 1441, 1442 et 1443, il est trésorier-général des finances de Normandie (5).

Dans cette dernière année, aussi bien qu'en 1444, en présence du comte de Sommerset, capitaine de Tombelaine, il passa des revues militaires commandées par Guillaume Hylles, écuyer, lieutenant de la forteresse de La Roche-Guyon. (6) Lui-même est, en ce moment, capitaine de la même citadelle de La Roche-Guyon. A ce titre, il reçoit les ordonnancements de ses gages et en signe les quittances. (7)

---

(1) Archives nationales. K. 64, n° 1 à 135, originaux.
(2) Archives nationales. K. 67, n° 12, original.
(3) Archives nationales. K. 67, n⁰ˢ 12 à 12⁶⁷, originaux.
(4) Archives nationales. K. 64, n° 236. — K. 65, n° 131. — K. 67, n° 6760, originaux.
(5) Archives nationales. K 67, n⁰ˢ 12 à 1287.—K. 67, n° 67, originaux.
(6) La Roche-Guyon, arrondissement de Mantes (Seine-et-Oise).
(7) Archives nationales. K. 67, n° 21, original.

Mais l'année suivante, il est investi de la défense du château fort de Saint-Lo, et, le 23 mai 1446, (n. st.) Henri VI, roi d'Angleterre, donne, à Rouen, l'ordre au trésorier général de Normandie, de faire payer les gages de Simon Morlier, capitaine de Saint-Lo, de Owayn Thuden, capitaine de Regnéville, (1) et de Hue Spencer, bailli de Cotentin. (2)

Le 7 décembre 1447, dans une quittance, Morhier prend la qualification de conseiller du roi. (3)

XV. — GUILLAUME POITOU, CAPITAINE ANGLAIS DE SAINT-LO. — 1449.

Ce fut le lundi, 15 septembre 1449, que le château et la ville de Saint-Lo se rendirent au duc François Ier de Bretagne, qui avait pour lieutenants, notamment le Connétable comte de Richemont, son oncle, le sire d'Estouteville et autres. (4)

Cette date est confirmée par un acte fait à Saint-Lo, le lendemain, 16 septembre 1449, en vertu du quel le duc de Bretagne reconnut avoir retenu Pierre de la Marzelière avec 15 lances et 20 archers. (5)

C'est donc inexactement que Chartier a fixé la reddition de Saint-Lo au 18 décembre 1449. (6)

La place forte était défendue par Guillaume Poitou, qui en fut le dernier gouverneur pour le roi d'Angleterre. Ce capitaine avait sous lui une garnison de deux cents hommes. (7) Dans

---

(1) Regnéville, au canton de Montmartin-sur-Mer (Manche).
(2) Archives nationales. K. 68, nᵒˢ 1211, 1212, 1213, originaux.
(3) Archives nationales. Sect. historique. K. 68, nᵒ 27, original.
(4) Siméon Luce. Chroniques du Mont Saint-Michel, T. I, p. 40.
(5) Dom Morice. Histoire de Bretagne. Preuves. II. 1514.
(6) Grandes chroniques de France.
(7) Gruel. Vie du connétable de Richemond. — Le Hérault-Berry; Monstrelet; Chartrier.
Ce nombre de 200 hommes était égal à celui qui s'y était trouvé en l'année 1144, lorsque Geoffroi Plantagenet, comte d'Anjou, s'empara de Saint-Lo. *Chronicon Joannis Majoris Monasterii.* Recueil des historiens de la France. T. XII, p. 531.

le château se trouvait aussi Bertin, sire d'Antoesil, chevalier anglais, alors bailli du Cotentin, lequel avait succédé dans cet office à Hue Spencer, qui en était encore pourvu à la fin de l'année 1448.

La résistance fut de courte durée : le siège s'était prolongé pendant trois jours seulement, car l'avant-garde française était arrivée sous ses murs dès le vendredi 12 septembre et elle avait aussitôt investi la forteresse. (1)

Immédiatement après la capitulation, les vainqueurs se rassemblèrent à Saint-Lo en conseil.

De là, une partie de l'armée — notre texte dit : « *adoncques se départit l'ost,* » — s'empara successivement de Thorigny, de Hambye, de la Haie du Puys, de Pirou, de Colombières et de Regnéville. Tous ces châteaux se rendirent sans difficulté sérieuse et cette dernière place consentit à sa capitulation le vendredi 19 septembre. (2)

« Et après ce, dit toujours la chronique du Mont-Saint-Mi-« chel, le siège fut devant Carenten. N'y furent que jusquez « au mardi ensuivant (30 septembre 1449), (3) ouquel jour se « rendirent, où estoient six ou sept vins anglois qui s'en allè-« rent avecques chacun ung baston peley de seut (4) en leur main. »

Le chroniqueur Chartier, qui raconte les mêmes faits, donne également au capitaine du château de Saint-Lo le nom de Guillaume Poictou, et dit que les soldats qu'il avait sous ses ordres *s'en allèrent leurs corps et leurs biens saufs.* (5)

---

(1) Chronique du Mont-Saint-Michel, éditée par Siméon Luce, T. I, p. 50.

(2) Même chronique du Mont-Saint-Michel, T. I, p. 51.

(3) La garnison de Carentan n'avait donc pu tenir que trois jours.

(4) Ce mot *seut, seu, seue* ou *sus,* est encore usité ·aujourd'hui dans le patois normand, pour désigner l'arbuste nommé le sureau.

(5) Toustain de Billy. La ville de Saint-Lo, p. 56.

D'après de Gerville (1), les deux châteaux de Saint-Lo et de Carentan furent les seuls où il fut fait mention d'artillerie dans les capitulations de cette année-là. Cette allégation, toute respectable qu'elle soit, venant d'un archéologue de la valeur de De Gerville, n'est pas absolument exacte. Il lui était effectivement impossible de connaître tous les diplômes de cette époque. Ainsi Valognes, qui formait avec Saint-Lo, Coutances et Carentan, l'un des quatre points les plus importants du vaste quadrilatère du Cotentin, fut défendu avec une certaine quantité de pièces d'artillerie. Nous en avons la description détaillée, dans un mémoire qui émane du célèbre Maréchal de France, André de Laval de Lohéac. Ce document est d'un intérêt tel, pour notre Cotentin, que nous croyons devoir le produire (2).

Quand on lui fit la remise de cette artillerie, le guerrier se trouvait devant le château de Caen, dont il faisait le siège.

Ajoutons encore que nous avons offert nous même à la ville de Caen, l'un des feuillets détachés d'un registre de la même époque, indiquant le compte de l'artillerie qui garnissait alors cette ville et sa forteresse. Ce fut l'occasion, pour M. Puisieux, d'un travail qui fut accueilli et publié par l'Académie des Sciences, Arts et Belles-Lettres de Caen, en 1867.

XVI. — Jehan d'Estouteville.

1468.

Evidemment le roi Charles VII, dès que la Normandie fut rentrée sous son pouvoir, dut s'empresser de nommer un capitaine à Saint Lo. Quel fut-il ? Nous l'ignorons.

M. Lepingard nous a encore indiqué Jehan d'Estouteville,

---

(1) De Gerville. Châteaux de la Manche. Saint Lo, p. 112.
(2) Voir nos pièces justificatives n° 9.

chevalier, seigneur de Bricquebec, comme gouverneur de cette place le 2 septembre 1468. Mais fut-il le premier qui en reçut le commandement après la pacification, nous ne saurions le dire ! En tout cas il y aurait là une lacune de près de dix-huit années.

Quant au sire de Bricquebec, il était le fils cadet de Louis d'Estouteville et de Jeanne Paynel. Il fut capitaine du Mont-Saint-Michel et de Tombelaine, avec 35 hommes d'armes et 50 archers pour la garde de ces places. Il est bien possible qu'il ait été également capitaine de Saint-Lo ; cependant nous ne l'avons trouvé mentionné sur aucun acte. Jehan d'Estouteville vivait encore en 1476 et ne contracta pas d'alliance. (1)

Dans cette famille d'Estouteville, l'une des plus distinguées de la Normandie et qui compta beaucoup de rameaux, le prénom de Jean se rencontra souvent. Or dans la branche des d'Estouteville, seigneurs de Torcy, il se trouve un Jehan qui combattit à Formigny, en 1450, et qui mourut fort âgé à Rouen, le 11 septembre 1494. Selon nous il ne serait pas impossible qu'il eût été capitaine de Saint-Lo. (2)

Conclusion

Nous manquons de détails plus précis sur cette dernière campagne, de 1450, qui vit accomplir la conquête de la province, et nous avons le regret de n'avoir pu trouver le traité de capitulation de Saint-Lo qui dut être signé entre les belligérants.

(1) La Chesnaye Desbois. Dictionnaires de la noblesse. — Le Père Anselme. Histoire générale de la Maison de France, t. VIII, p. 91.
(2) La Chesnaye Desbois, déjà cité.

Il est bien probable toutefois qu'il fut conçu dans des termes à peu près identiques à celui qui intervint quelques jours plus tard pour Carentan entre les habitants de cette ville et le duc de Bretagne. Après tout, l'absence de cette pièce diplomatique dans les minutes de la chancellerie royale peut, à la rigueur, être suppléée par la *Composition de Carentan*, que nous nous permettons de présenter, à défaut de mieux. (1)

Ces deux forteresses situées dans le même voisinage, à 28 kilomètres seulement de distance l'une de l'autre, durent effectivement subir les mêmes vicissitudes. Dès lors on peut affirmer que leurs capitulations durent se suivre à peu de jours et pour ainsi dire à peu d'heures d'intervalle.

Si les capitaines anglais des deux places fortes furent différents, les corps d'armée du côté des assiégeants, qui étaient eux en rase campagne, durent être toujours sous les ordres supérieurs de François, duc de Bretagne, qu'il ne faut pas confondre avec Arthur de Bretagne, connétable de Richemont, qui, quelques mois après, à Formigny, sut décider du sort de la Normandie entière par une victoire retentissante.

Hippolyte SAUVAGE.

PIÈCES JUSTIFICATIVES

N° 1.

COMPTES DE LA RANÇON DU ROY JEAN.— DIOCÈSE DE BAYEUX.
Archives Nationales. K. K. 350 *f° 206, v°. — Original.*

Le compte Yvonnet Huart, commis par noble homme Messire Robert de Warignies, chevalier, chastellain et capitaine de

---

(1) Voir le n° 8 des pièces justificatives,

Caen, commissaire du Roy, nostre seigneur, pour faire certaine assiette ès diocèses de Lisieux, Sées, Baieux, Coustances et Avrences de certaine somme dargent ordenée pour le dict seigneur èstre prinse et levée ès dis diocèsses pour paier les despens de reverent Père en Dieu Monsr levesque de Baieux, Maistre Thomas Graffart, secretaire du Roy, nostre seigneur, et archidiacre d'Auge, Messire Henry sire de Thieuville, Messire Henry sire de Coulombieres, chevaliers, et les baillifs de Caen et de Costentin, les quiex furent envoiés devers le dit seigneur à la requeste des gens des dis diocesses et les quiex despens ils ont fais en allant à la court du Roy nostre dit seigneur et ailleurs pour le prouffit du paiz et est assavoir que il a esté assis en la ville et vicomté de Caen, vicomté de Faloise, en ce qui en fiet au diocesse de Baieux la somme de IX^{xx} X frans pour leur portion des despens fais pour les dessus dis ès dis voiages, la quelle sera baillée à Reverent père en Dieu levesque de Baieux sur ce qui luy peut estre deu des dis voiages par luy fais. La quelle assiete a esté baillée par le dit chastellain au dit receveur pour faire en-la recepte à la despense jouxte le contenu de la quittance du dit receveur la quelle est rendue et la dite assiete ovesques cest present compte à la Court.

N° 2.

Lisieux, le 12 mars 1360. (1361, n. st.).

Mandement délivré à Henry de Thieville, capitaine de Saint-Lo, pour les dépenses faites par lui à l'occasion des forteresses Anglaises de la Basse-Normandie.

Charte originale sur parchemin, en notre possession, que nous désirons offrir aux Archives du département de La Manche, par l'intermédiaire de la Société d'archéologie de Saint-Lo et de son vénéré Président, M. Lepingard. (1)

____

(1) Cette charte a été remise à M. le Préfet de la Manche et déposée aux archives du département.

A touz ceulz qui ces lettres verront Aubery de Crepon, garde du scel des obligations de la viconté de Baieux, Salut.

Savoir faisons que pendant lan de grace mil trois cens sexante le samedy avant Pasques XXII° jour de mars voismes et diligemment regardé lez lettres de très noble et puissant segneur monsegneur Loys de Harecourt, viconte du Chastel, étant lieutenant du Roy nostre segneur es parties de Normendie, contenant la forme qui ensuit :

« Loys de Harecourt, viconte du chastel, étant lieutenant du
« Roy ès parties de Normendie, et Jehan Mauvoisin, receveur
« général de l'aide ottroié ès bailliages de Caen et de Costen-
« tin pour la despense de nous et de noz gens et autres besoi-
« gnez com gardes touchantes le fait de la vuidange des forte-
« restes engleiches, et aux autres receveurs particuliers de la
« dicte aide et à chascun d'eulx, Salut.

« Nous vous mandons que des deniers par vous reçeus de
« la dicte aide vous bailliez et delivriez ou faites baillier et de-
« livrer à nostre bien aimé Messire Henry de Thieuville, che-
« valier, capitaine de Saint-Lo (1) pour la despense qu'il a
« fait ou fera pour le fait des dictes forterestes tout ce que pour
« icelle cause il aura mis, forcé et despendu, mettra, forcera et
« despendra en prenant de ce que paié luy aurez quittancé,
« par la quelle rapportant avequez ces presentez ou vidimus
« dicellez souz scel auttentique tout ce que paié vous luy aurez
« pour celle cause, vous sera rabatu et déduit en vos comptez,
« non obstant que il soit contenu en vostre commission que
« vous ne paiez rien fors à Jehan Guichart ce fait que dessus
« n'y ait.

« Donné à Lisiex (*Lisieux*), le XII° jour de mars l'an
« mil CCCLX sexante (*1361, nouveau style*).

---

(1) Après le mot *Saint* se trouvait celui de *Vaast*, qui a été effacé aussitôt dans le texte.

« Et ce que nous avons veu nous tesmoignons souz le scel
« des dictes obligations en l'an premièrement dessus dis. —
« Collation est faicte — Signé Gervays. Paraphe ». — Le
sceau a disparù.

N° 3.

Archives Nationales. Monuments Historiques.
Cartons des Rois

K. 48, n° 31. Original.

A Pontorson, le 1ᵉʳ mai 1363.

Mandement donné par Bertrand Duguescliu, capitaine souverain ès bailliages de Caen et de Cotentin, au vicomte de
Bayeux, pour qu'il ait à payer à Henry de Thiéville, chevalier, ses gages pour le temps qu'il emploiera avec 16 hommes
d'armes ou archers, pour s'emparer du château d'Aunay, et
pour le raser et le démolir.

« Bertran Duguesclin, sire de Broon et de La Rochetesson,
« cappitaine souverain ès bailliages de Caen et de Costentin
« pour notre très redoubté segneur et Monsegneur le duc de
« Normendie, lieutenant de Monsegneur le duc Daureliens
« (*Orléans*), entre la rivière de Saine et Bretaigne, au viconte
« de Baieulx, receveur du subside nouvellement ordené. Salut :

« Comme nous avons ordené et estably à noble homme
« Henry de Thieuville, chevalier, pour Monsegneur le duc de
« Normendie, à aler prendre la saisine du chastel de Auney
« avecques les gens de Monsegneur le Roy de Navarre, pour
« yceluy faire raser et abbatre et aussy pour visiter les lieux et
« places que de brief et en peu de temps pouroient estre enfor-
« tée afin de ycelle degrader, si vuilliez.

« Savoir nous voulons et à vous ordené que il ayt en sa
« compaignie XVI hommes d'armes ou archiers le quel que il
« lui plera.

« Pourquoy nous vous mandons et commandons que au dit
« Monsieur Henry payez et vous faciez proceder au paiement
« de gages pour luy se pour ses gens pour le temps que il sera
« à faire et acomplir les choses dessus dictes si et en telle ma-
« nière que par vous ny ait deffance et de ce que vous li bail-
« lerez par rapportant lettre de quitances scellees de son scel
« avecques la copie de ceste, vous sera deduict et ralenti de
« vostre compte.

« Donné à Pontorson, le premier jour du moys de may l'an
« mil cccLxiii. »

Le sceau a été coupé.

N° 4

ARCHIVES NATIONALES. MONUMENTS HISTORIQUES. CARTONS
DES ROIS.

K. 48, n° 43. Vidimus du 31 décembre 1364

Analyse de cet acte. Il contient copie de :

1° Lettres royaux du 1er juin 1364, portant commission à
Henry, sire de Thiéville, chevalier, de recevoir en l'obéissance
du Roi les sujets nobles ou non nobles du roi de Navarre et de
recueillir leurs serments de fidélité.

2° La prestation du serment de foy et d'hommage de Guil-
laumet de Venois, du pays de Coutances, le 30 septembre
1364.

Ces deux actes portent la qualification d'Henry de Thiéville,
comme capitaine de Saint-Lo.

Les vidimus originaux de ces actes sont d'octobre et de décembre 1364.

N° 5.

(Bibliothèque nationale. Manuscrits. Quittances, T. 59, n° 853, f.)

1428 (n. st), 11 mars. Saint-Lo.

Résumé par analyse. — Vote, par treize bourgeois députés des villes de Coutances, de Carentan, de Valognes et de Saint-Lo, d'une taille de 5300 livres tournois, à répartir e ntre les vi· comtés du bailliage de Cotentin, pour l'entretien de 18 lances et de 52 archers.

« A tous ceulx qui ces lettres verront, Jehan Burnel, viconte de Carenten, salut... Savoir faisons que au jour d'ui xime de mars l'an mil cccc vingt sept, à Saint-Lo, devant Nous viconte... en la présence de Jehan Le Faé, bourgois de Coustances ad ce commis et depputé, pour la dicte ville ; de Maistre Guillaume Le Fevre et Guillaume Poisson, bourgoiz de Carenten, ad ce commis et depputés pour la dicte ville : de Maistre Pierre de la Roque et Thomas Le Cauf, bourgoiz de Vallongnes ad ce commis et depputés pour la dicte ville, et de Nicolas Voyer, Raoul Rouillart, Guillaume Jehan, Maistre Jehan Le Tousé, Thomas Matenot, Jehan Le Jollivet, Jehan Le Tenneur et Guillaume Cauvin, bourgoiz de Saint-Lo, ad ce commis et depputés pour la dicte ville, et de plusieurs des gens et officiers du Roy, nostre dit seigneur, ad ce appelés, iceulx Bourgoiz dessus nommés, eu nom que dessus, après ce que par plusieurs journées ilz ourent en grant deliberacion et advis ensemble, distrent et respondirent que, en obbeissant et en obtemperant aus dites lettres de mon dit seigneur le Regent (d'Angleterre), ils se consentoint et estoient d'acord que sur les dis habitans du dit bailliage de Coustentin et ressort ancien d'icelluy fust prins, assis, cueilli et levey par forme de taille la somme de cinq mille trois cens livres tournois pour paiement de 18 lances et 52 archiers. »

N° 6.

(Archives nationales. Section historique. K. 63. n° 19⁷).

1432, du 15 août au 29 septembre. Saint-Lo.

Contrôle de la garnison de Saint-Lo faisant mention :
1° d'une chevauchée faite du 28 août au 10 septembre contre
Jean, duc d'Alençon, que l'on disait être à Laigle, par Hue
Spencer, écuyer, capitaine de la garnison de St-Lo; 2° d'une
expédition accomplie du 21 au 25 août par Robert Scot, homme
d'armes à pied, et 18 compagnons de la dite garnison contre
certains brigands cachés dans les bois, expédition qui avait
abouti à la prise et à l'exécution d'un brigand nommé Miche-
let Le Breton.

C'est le contreroulle de la garnison de Saint-Lo depuis le
quinziesme jour d'aoust l'an mil iiii° xxxii que Noble homme
Hue Spencer, escuier, à présent capitaine du dit lieu de Saint-
Lo, fist ses premières monstres pour icelle garnison jusques au
vint neufiesme jour de septembre ensuivant par moy Nicolas
Franceys, contreroulleur d'icelle garnison.

Et premierement le dit capitaine et cinq lances et vint quatre
archiers à cheval de la dite garnison en sa compaignie se par-
tirent du dit lieu de Saint-Lo le xxviii° jour du dit moys
d'aoust pour aller au reboutement des anemis du roy nostre
seigneur, dont estoit chief Jehan, qui se dit duc d'Alençon, que
l'en disoit estre à Laigle, et retournèrent au dit lieu de Saint-
Lo le dixiesme jour de septembre, etc., etc., etc.

N° 7

(Bibliothèque nationale. Manuscrits. Quittances. T. 66,
n° 2185).

1433, vendredi matin 20 novembre. Saint-Lo.

Lettre close adressée par Hue Spencer, bailli de Cotentin, à Guillaume Breton, bailli de Caen, pour lui annoncer que Jean, duc d'Alençon, vient d'entrer en Normandie du côté de Sainte-Suzanne (1) avec un corps d'armée considérable, que l'on doit lui livrer par trahison Caen, Bayeux, Neuilly-l'Evêque ou Saint-Lo et que l'on tient ces nouvelles de six soudoyers du Mont-Saint-Michel faits prisonniers par les Anglais d'Avranches.

Très chier et honnouré seigneur, je me recommande à vous tant comme je puis. Vous plèse savoir que présentement ay receu une cedule de credence par un messagier à cheval que m'envoyet le lieutenant d'Avrenches, lequel messagier m'a dit de bouche de par celui lieutenant que yer, après nonne, les gens de la garnison du dit Avrenches prindrent six de ceulx du Mont-Saint Michel sur les grèves, par lesquieulx l'en a seu de certain que celuy qui se dit duc d'Allençon entra eu dit jour d'ier en Normendie par devers Sainte Suzanne (2), accompaigné de plusieurs et grant nombre d'anemis, tant capitaines de gens que aultres, et que icellui d'Allençon a intencion de prendre par moyen et de fait par vendicion de quatre places l'une, c'est assavoir Caen, Baieux, Nully ou Saint-Lo. Et pour ce je vous escrips ces choses affin que en avertissés les bourgois des bonnes villes de vostre bailliage et par espécial ceulx de Caen, affin de faire bonne garde jour et nuit. Et des nouvelles qui me sourvendront vous feray savoir de temps en temps, et pareillement vous plèse me faire savoir les vostres.

Très chier et honnouré seigneur, se aucune chose est pardeçà que pour vous puisse faire, faites le moy savoir, et je l'acompliray à mon pouvoir. Ce seyt Nostre Sire qui vous ait en sa sainte garde.

Escript à Saint-Lo en haste cest vendredi matin xx° jour de novembre.

(1) Département de la Mayenne; arrondissement de Laval.
(2) Département de la Mayenne, arrondissement de Laval.

4

Le vostre.

Hue Spencer, bailli de Costentin et cappitaine de Saint-Lo.

Et dessue les dictes lettres est escript : A mon très chier et Honnouré sire Guillaume Breton, chevalier, bailli de Caen.

N° 8.

Archives nationales. Trésor des Chartes. Minutes de la chancellerie royale.

JJ. 180, n° 85 f° 38, verso

Rouen, novembre 1449.

Approbatio tractatus facti per Ducem Britannie cum habitantibus de Carenten.

Charles, par la grâce de Dieu Roy de France,

Savoir faisons a tous présens et a venir :

Nous avoir receue humble supplicacion des manans et habitans de noz ville et chastel de Carenten contenant comme nostre très chier et très amé nepveu le Duc de Bretagne dès le xxix° jour de septembre derrein passé ait receu en nostre obeissance les dictes villes et chastel de Carenten.

Lesquelz ville et chastel avoient esté long temps par avant et encores estoient tenuz et occupez par noz anciens-ennemis et adversaires les Anglois au temps d'icelle reception moyennant certain traictié ou composition sur ce faict par nostre nepveu avecques nostre bien amé Maistre Jehan Desmande, curé de l'une des portions de l'église parrochiale du dict lieu de Carenten, et Thomas Fauq, chevalier, seigneur de Saint Hillaire, et, autres bourgois, manans et habitans d'icelle ville ;—par le quel traictié, appointement ou composition les gens d'église, nobles bourgois, manans et habitans du dict lieu de Carenten ont esté

receuz par nostré dict nepveu en nostre obeissance et ay de-
mouré soubz grace et misericorde.

Et depuis la dicte composition faicte et le cinquiesme jour du
mois doctobre ensuivant et derrein passé, nostre dict nepveu octroya ausdicts supplian sur la dicte composition ses lettres
dont il nous est suffisamment apparu ; par les quelles et pour
les causes contenues en icelles, icelui nostre nepveu a receu
les dicts gens deglise, bourgois, manans et habitans dicelle ville
et chastel à grace et misericorde ; et leur a et à chacun rendu
et restitué rend et restitue tous leurs biens, héritaiges, posses-
sions et biens quelxconques et en quelque lieu qu'ilz soient si-
tuez et assiz avecques leurs benefices et offices en quoy ilz estoient paravant et au temps de la dicte composition ; non obstant quelxconques dons que en pourroient avoir esté faiz par
importunité de requerans ou autrement, les quelz gens deglize,
bourgois, manans et habitans nous ont fait humblement sup-
plier et requerir que pour greigneur (1) seurté deulx et de leurs
successeurs il nous plaise sur les poins et clauses dessus dicts,
selon ce qu'ilz sont contenus ès lettres de nostre nepveu, leur
octroyer noz lettres dapprobacion.

Pourquoy nous ces choses considérées les poins et clauses et
choses dessus dictes selon et qu'ilz sont contenuz ès lettres de
nostre dict nepveu, avons louées, ratiffiées et approuvées et par
la teneur de ces présentes, de grâce especial, pleine puissance
et auttorité Royal, louons, rattiffions et approuvons et voulons
que du contenu en icelles lesdicts supplians joyssent de point
en point plain et paisiblement à tousiours.

Ordonnons en mandement par ces mesmes présentes à noz
amez et feaulx Conseillers les gens tenant et qui tendront nostre parlement et nostre eschiquier en Normendie, aux bailliz à

---

(1) Greigneur. Vieux mot hors d'usage, synonime de *plus grand*.
Voir Godefroy. Dictionnaire du Vieux Langage.

Rouen, Caen et Coustentin, et à touz noz autres justiciers ou à leurs lieuxtenants présens et à venir, et à chacun deulx si comme à lui appartiendra que de poz présentes grace, ratificacion et approbacion ils facent, souffrent et laissent les dicts gens deglise, bourgois, manans et habitans des dictes ville et chastel de Carenten joyr et user plainement et paisiblement, sans leur faire ne souffrir estre fait, mis ou donné ne à aucun deulx destourbier ou empesçhement au contraire ores ne pour le temps à venir en aucune maniere.

Car ainsi le voulons et nous plaist estre fait.

Et, afin que ce soit chose ferme et stable à tousiours, nous avons fait mettre nostre scel à ces présentes, sauf en autres choses nostre droit et lautruy en toutes.

Donné à Rouen, au mois de novembre, lan de grâce mil cccc quarante et neuf, et de nostre regne le xxviii°.

Ainsi signé par le Roy, en son conseil. Signé Rolant

Visa Contentor. Signé Chaligant.

Saint-Lô. — Imp. Alfred Jacqueline